Helena de Almeida

# LOVELY ANIMALS
## ORAKEL

KÖNIGSFURT
URANIA

Die in diesem Booklet enthaltenen Informationen und Ratschläge wurden von der Autorin sorgfältig recherchiert und geprüft. Eine Garantie kann dennoch nicht übernommen werden. Die Informationen und Ratschläge sind außerdem nicht dazu gedacht, die Beratung durch einen Arzt oder Therapeuten zu ersetzen, sofern eine solche angezeigt ist. Eine Haftung der Autorin oder des Verlags ist ausgeschlossen.

*Bibliographische Information der Deutschen Nationalbibliothek*
*Die Deutsche Nationalbibliothek verzeichnet diese Publikation in der Deutschen Nationalbibliographie; detaillierte bibliographische Daten sind im Internet über http://dnb.d-nb.de abrufbar.*

Das gesamte Werk (Text und Karten) ist im Rahmen der Urheberrechtsgesetze geschützt. Jegliche vom Verlag nicht genehmigte Verwertung ist unzulässig, es sei denn, es handelt sich um eine Rezension oder Produktvorstellung, worin kurze Passagen zur Verdeutlichung in Zeitschriften, Zeitungen oder auf Websites zitiert werden.

Originalausgabe
Copyright © 2023 Königsfurt-Urania Verlag GmbH

Königsfurt-Urania Verlag GmbH, Ringstr. 32, D-24103 Kiel
www.koenigsfurt-urania.com • www.tarot-online.com

Text und Artwork: Helena de Almeida
Übersetzung: Simone Fischer, Rott
Lektorat: Eva-Christiane Wetterer, Hamburg
Satz und Layout: Antje Betken
Karten- und Schachtelproduktion: Spielkartenfabrik Altenburg
Buchproduktion: Finidr s.r.o., Tschechien

Printed in EU
ISBN 978-3-86826-797-6 (Set: Karten und Booklet)

# ÜBERSICHT DER 44 KRAFTTIERKARTEN

| | |
|---|---|
| Biene | 16 |
| Blauhäher | 17 |
| Drache | 18 |
| Eichhörnchen | 19 |
| Elefant | 20 |
| Engelsfisch | 21 |
| Esel | 22 |
| Eule | 23 |
| Fuchs | 24 |
| Giraffe | 25 |
| Glühwürmchen | 26 |
| Gottesanbeterin | 27 |
| Hai | 28 |
| Huhn | 29 |
| Hund | 30 |
| Igel | 31 |
| Käfer | 32 |
| Känguru | 33 |
| Krabbe | 34 |
| Krokodil | 35 |
| Lama | 36 |
| Leopard | 37 |

# INHALT

Übersicht der 44 Krafttierkarten ............... 4
Warum ein Tierorakel? ........................... 6
Der erste Kontakt mit diesem Orakel ...... 8
Ziehe deine erste Karte ......................... 9
Die Deutung der Karten ........................ 10
Deutungsbeispiel .................................. 12

Die 44 Krafttierkarten ........................... 15

Dank ................................................... 60
Die Autorin und Künstlerin .................... 61

| | |
|---|---|
| Lerche | 38 |
| Marienkäfer | 39 |
| Maulwurf | 40 |
| Meerschweinchen | 41 |
| Murmeltier | 42 |
| Panda | 43 |
| Pelikan | 44 |
| Pfau | 45 |
| Qualle | 46 |
| Rabe | 47 |
| Schildkröte | 48 |
| Schmetterling | 49 |
| Schwalbe | 50 |
| Schwan | 51 |
| Schwein | 52 |
| Seepferdchen | 53 |
| Seestern | 54 |
| Specht | 55 |
| Spinne | 56 |
| Stachelschwein | 57 |
| Tiger | 58 |
| Zebra | 59 |

# WARUM EIN TIERORAKEL?

Dieses Orakel entstand aus meiner bedingungslosen Liebe und Bewunderung für die Tiere.
Da alle Tiere wichtig sind, war es mir unmöglich, mich bewusst zu entscheiden.
Und so habe ich bei jedem Tier ein Ritual an meinem magischen Altar oder an einem besonderen Ort der Natur durchgeführt und dabei das Universum um Hilfe gebeten.

Mehr als 200 Tiernamen habe ich in einen schwarzen Beutel mit getrockneten Rosenblättern und magischen Kräutern gelegt.
Mit Hilfe des Universums habe ich 44 Tiernamen gewählt, die jetzt dieses Tierorakeldeck bilden.

### Was lehren uns all diese Tiere?
### Unendlich viel!

Du kannst das Orakel immer dann zur Hand nehmen, wenn du die göttliche Botschaft eines Tieres wünschst oder brauchst.

Von jedem dieser Geschöpfe können wir etwas lernen, jedes dieser Wesen vermittelt einzigartige und wertvolle Lehren für das Leben und Überleben.

Diese Fähigkeiten sollten wir nutzen, um unser Leben zu bereichern.

# DER ERSTE KONTAKT MIT DIESEM ORAKEL

Bevor du eine Legung mit diesen Karten machst, betrachte bitte alle Karten, ohne vorher einen Blick in das Buch und die Kartenbedeutungen geworfen zu haben. Stelle dir einen Moment vor, du bist ein Tier. Sieh dir dann das Bild jedes Tieres genau an und wähle das aus, das du in diesem Moment selbst gerne wärest. Welches Tier ist es?

Schreibe den Namen des Tieres in dein magisches Tagebuch oder auf ein Blatt Papier und beschreibe, warum du gerade dieses Tier sein möchtest.

Schlage danach dieses Buch auf der Seite deines Wahltieres auf und lies die Botschaft, die dieses Geschöpf für dich hat. Auf diese Weise wirst du herausfinden, ob deine Intuition mit den Botschaften des Tieres übereinstimmt. (Lies dazu auch den Abschnitt „Die Deutung der Karten".)

# ZIEHE DEINE ERSTE KARTE

Setze dich bequem an einen Lieblingsort, an dem du ungestört bist, um mit deinen geistigen, göttlichen oder energetischen Führern zu sprechen. Die Karten liegen bereit.

Schließe deine Augen und denke nur an dich. Versuche, dich selbst zu visualisieren, und mische gleichzeitig die Karten, bis du das Gefühl hast, genug gemischt zu haben.
Dann nimm die oberste Karte vom Stapel und schaue das Tier an.

Schreibe seinen Namen in dein magisches Tagebuch oder auf ein Blatt Papier und notiere, was dieses Tier für dich bedeutet.

Schlage erst danach die Bedeutung im Buch nach und überprüfe, welche Botschaften und Lehren es für dich hat (s. „Die Deutung der Karten").

# DIE DEUTUNG DER KARTEN

Erkenne die **Stärken** jedes Tieres, um die Chancen, die sich dir bieten, zu nutzen.

Lerne auch die **Schwächen** kennen, um auf **Gefahren** vorbereitet zu sein, die in deinem aktuellen Leben auftauchen und den Erfolg deiner Lebenschancen beeinträchtigen können.

**Dieses Tier** kann dir in deiner gegenwärtigen Situation helfen.

Jedes Mal, wenn du das Gefühl hast, dass sich etwas in deinem Leben ändern wird, kannst du das Kartendeck zu Rate ziehen, um dich durch seine Botschaften inspirieren und leiten zu lassen.

**Stärken** Analysiere die Stärken des gewählten Tieres.

**Chancen** Nutze die Stärken des Tieres für das Streben nach Erfolg.

**Schwächen** Achte auf die Schwachstellen des Tieres.

**Gefahren** Durch die Schwächen musst du dich eventuell den entsprechenden Herausforderungen stellen.

**Botschaft des Tieres** Ein motivierender Überblick über deine Aufgaben.

# DEUTUNGSBEISPIEL

### Marienkäfer

Ich soll lernen, in meinem Leben Fülle, Selbstliebe und mein eigenes Glück anzuziehen. Das sind die Stärken des Marienkäfers.

Dank dieser Stärken weiß ich, dass es mir in jeder Situation gut gehen wird und ich in jeder Lage zurechtkomme, auch wenn es mir aktuell unmöglich erscheint.

Damit das möglich ist, muss ich auf meine Energie achten, denn sie ist mein Schwachpunkt.

Wenn ich sorgfältig mit meiner Energie umgehe, reduziere ich die Gefahr, dass Menschen oder Dinge mich energetisch zu stark belasten. Das wird Fülle, Liebe und Glück in mein Leben bringen.

### Das ist wichtig:
Erst wenn du das Gefühl hast, dass das Thema
oder die Aufgabe der ersten Kartenlegung
„bearbeitet" oder gelöst ist,
solltest du eine neue Karte ziehen und
die nächste Deutung vornehmen.

Überfordere dich nicht mit zu vielen Botschaften,
löse erst die aktuelle Situation.

# DIE 44 KRAFTTIERKARTEN

# BIENE
## Teilen • Belohnung • Arbeit

**Stärken**  Arbeitsam und agil, teilt gern, was sie selbst produziert.

**Chancen**  Die Früchte der Arbeit zu ernten, ein gesundes Leben zu führen und dazu beitragen, dass die Welt ein besserer Ort zum Leben wird.

**Schwächen**  Mangelnde Anpassung und Eingewöhnung an neue Orte, alltägliche Veränderungen oder Ereignisse.

**Gefahren**  Alles zu verlieren, was bisher erobert wurde.

### Botschaft der Biene

Genieße die süßen Seiten des Lebens. Es gibt so vieles, was du als Belohnung für deine Arbeit erhalten kannst. Öffne dich für die Geschenke, die das Leben dir bereitet, und teile sie mit denen, die dir auf deinem Weg helfen.

# BLAUHÄHER
## Zuversicht • Weisheit • Potenzial

**Stärken** Selbsterkenntnis ist Trumpf.
Wenn du weißt, dass du eine starke
Persönlichkeit hast, kannst du dich in
schwierigen Situationen zurückhalten.

**Chance** Eine Quelle des Wissens für alle sein,
weise und geachtet.

**Schwächen** Das Ausnutzen anderer zum eigenen
Vorteil.

**Gefahren** Halte deine Aggressivität im Zaum.
Sie kann dich in eine Lage bringen,
die für andere Menschen und
auch für dich unangenehm ist.

### Botschaft des Blauhähers
Sei zuversichtlich, dass du die Weisheit hast, die du
zur Entfaltung deines großen Potenzials brauchst.
Was du dir wünschst, kannst allein du erreichen
– niemand sonst. Nur du bist in der Lage, das zu
bekommen, was notwendig ist, um ein großartiges
und wunderbares Leben zu führen.

# DRACHE
## Schutz · Stärke · Visualisierung

**Stärken**  Du bist geistig und körperlich stark.

**Chancen**  Visualisierungen ermöglichen dir alles, was du willst.

**Schwächen**  Du bist nie zufrieden mit dem, was du hast und möchtest immer anspruchsvollere Erfahrungen machen.

**Gefahren**  Es gibt aktuell keine neuen Herausforderungen auf deinem Weg.

### Botschaft des Drachens
Ich bin ein Portal zu anderen Dimensionen, und ich bin hier, um dich zu schützen und zu stärken. Ich kann dir helfen, deine inneren Ängste zu überwinden. Visualisiere mich, steige die Treppe hinauf, tritt ein und beobachte, wie mein Feuer all deine dunklen Gedanken vernichtet.

# EICHHÖRNCHEN
## Gedanken · Einfluss · Magie

**Stärken**  Du kannst positive Gedanken mit magischen Gefühlen verbinden.

**Chancen**  Überwindung der energetischen Stürme, die du täglich empfängst.

**Schwächen**  Du bist leicht beeinflussbar.

**Gefahren**  Niedrige Energieeinflüsse, die dein Bewusstsein beeinträchtigen.

### Botschaft des Eichhörnchens
Füttere deinen Geist mit positiven Gedanken, damit sie deine Handlungen entsprechend beeinflussen. Begib dich an einen Ort, an dem du dich mit magischer Energie versorgen kannst. Diese Energie wird dir dabei helfen, Zeiten mit starken Emotionen zu überwinden.

# ELEFANT
## Gedächtnis · Lektionen · Intelligenz

**Stärken**  Intelligent, harmonisch und ein sprichwörtlich gutes Gedächtnis.

**Chancen**  Lebenslektionen, die du gelernt hast, kannst du jederzeit nutzen.

**Schwächen**  Langsam und träge im Handeln.

**Gefahren**  Stagnation.

### Botschaft des Elefanten

In deinen tiefsten Erinnerungen sind die Lebenslektionen gut versteckt, die du nun anwenden kannst. Nutze deine außerordentliche Intelligenz in Verbindung mit deiner emotionalen Seite, damit Hindernisse wie Wasser fließen und nicht in dir stagnieren und dich blockieren.

# ENGELSFISCH
## Therapie · Kunst · Geist

**Stärken** Sensibel und künstlerisch, ein positiver empathischer Mensch.

**Chancen** Gute Ideen, saubere Energie oder Heilung vergangener Traumata durch Kunsttherapie. Weitere künstlerische und spirituelle Methoden.

**Schwächen** Probleme im Umgang mit anderen, wenn sie in der gleichen Umgebung leben, da sie die Energie anderer spüren und empfangen.

**Gefahren** Soziale Medien, Fernsehen und Spiele, Umweltverschmutzung und schlechte Energien. Beeinträchtigung der Fähigkeit, mit den geistigen Führern zu kommunizieren und kreativ zu sein.

### Botschaft des Engelsfischs

Mache eine Kunsttherapie, die dir hilft, mit deinen Geistführern, deinem inneren und höheren Selbst in Kontakt zu kommen. Höre, fühle und male diese engelhaften Melodien, ohne zu denken und ohne zu planen. Du wirst unendlichen Frieden und Glück empfinden.

# ESEL
## Kontrolle · Mut · Verantwortung

**Stärken**  Schutz und Beharrlichkeit bei allen Aufgaben.

**Chancen**  Erfolg bei wichtigen Projekten mit hoher Verantwortung.

**Schwächen**  Das Ego stärker sein lassen als deine Intuition.

**Gefahren**  Sich von anderen ausnutzen zu lassen, weil du zu gutmütig bist.

### Botschaft des Esels
Bleibe bei Entscheidungen und Wahlmöglichkeiten bescheiden und lasse dein Ego nicht die Kontrolle übernehmen. Höre stattdessen auf deine Intuition und folge deinem Weg mit Entschlossenheit, um alle um dich herum zu schützen. So bekommst du das, was du auf dieser Reise brauchst.

# EULE
## Studium · Weisheit · Wissen

**Stärken**  Lies über die Naturgesetze und über okkulte und mystische Themen, und teile dein großes Wissen und deine Erkenntnisse mit anderen.

**Chancen**  Geschenke oder gute Nachrichten stabilisieren dein Gefühl von Erfolg.

**Schwächen**  Denen helfen zu wollen, die sich nicht helfen lassen oder die nicht bereit sind, weise Lehren zu empfangen.

**Gefahren**  Frustration droht, wenn du anderen nicht helfen kannst.

### Botschaft der Eule

Studiere und beobachte die Naturgesetze, Tag und Nacht, den Mond und die Sonne, und fülle dich mit Wissen. So wirst du die Weisheit erlangen, die du brauchst, um dich mit dem Universum zu verbinden. Sei ein weises Wesen ohne Ängste.

# FUCHS
## Neugier · Wunder · Unsichtbarkeit

**Stärken**  Wissensdurst, Esoterik und Klugheit.

**Chancen**  Den anderen in jeder passenden Situation einen Schritt voraus sein.

**Schwächen**  Zu viel Selbstvertrauen.

**Gefahren**  Ungewollt entdeckt zu werden, kann ein Geheimnis aufdecken oder dich selbst verraten.

### Botschaft des Fuchses

Neugier ist eine Eigenschaft, die dir hilft, deine Umgebung gut kennenzulernen. Je mehr du weißt, desto weniger Überraschungen und Enttäuschungen wirst du in deinem Leben haben. Nutze diese Fähigkeit, um schnell aufzutauchen und zu verschwinden, ohne dass es jemand bemerkt.

# GIRAFFE
## Verbindungen · Gesundheit · Praktiken

**Stärken**  Intuition, Beobachtungsgabe und Bescheidenheit.

**Chancen**  Starte eine Diät oder eine andere gesunde Gewohnheit, die dir hilft, dich zu verändern.

**Schwächen**  Zu zurückhaltend, um neue Dinge zu beginnen.

**Gefahren**  Mentale und energetische Blockaden.

### Botschaft der Giraffe
Du musst nicht groß sein, um mehr zu sehen. Bleibe mit den höheren Dimensionen verbunden, die dir zeigen, was du sehen musst. Unterstütze diese Verbindung mit gesunden Gewohnheiten, damit deine innere Antenne immer auf Empfang geschaltet ist.

# GLÜHWÜRMCHEN
## Magie · Erleuchtung · Attraktion

**Stärken**  Lichtvoll mit anziehendem Wesen, lebhaft und im Einklang mit dem Universum.

**Chancen**  Zieht gute Freunde an, baut Beziehungen auf und schafft positive Lebensqualität.

**Schwächen**  Die Abwehrkraft kann aufgrund von Energieverlusten in der Umgebung sehr gering sein.

**Gefahren**  Verschmutzte Umwelt und schlechte Nahrungsqualität.

### Botschaft des Glühwürmchens

Komm mit in den Wald und lasse das göttliche Licht deinen Weg erleuchten. Nutze die Energie, um das Gute anzuziehen und das Schlechte zu vertreiben. Du hast ein wunderbares Leuchten in dir, öffne dein inneres Auge, um es zu sehen.

# GOTTESANBETERIN
## Stille • Bewusstsein • Geduld

**Stärken** Unsichtbarkeit.

**Chancen** Was du dir wünschst, kommt zu dir.

**Schwächen** Opportunismus.

**Gefahren** Unerwünscht zu sein.

### Botschaft der Gottesanbeterin

Warte in Ruhe und mit viel Geduld, um zum richtigen Zeitpunkt zu handeln und das Gewünschte zu erreichen. Vergiss nie, dir der Umgebung bewusst zu sein, die dich umgibt und die deinen Geist kontrolliert. Es könnten überall um dich herum Opportunisten sein.

# HAI
## Aktion · Fortschritt · Bewegung

**Stärken** Motiviert, beweglich und mit guter Beobachtungsgabe.

**Chancen** Neue Ausbildungsmöglichkeiten, Arbeit oder Vereinbarungen jeglicher Art, privat oder beruflich.

**Schwächen** Aggressivität.

**Gefahren** Die Konkurrenz ist überlegen.

### Botschaft des Hais

Du brauchst mehr Aktion in deinem Leben, weil Bewegung den Fortschritt und die Entwicklung fördert, während Stagnation dich zu Fall bringt. Beobachte mich und sage mir, was du siehst. Ich bin immer in Bewegung, weil es immer und überall Gelegenheiten zum Handeln gibt.

# HUHN
## Umwelt · Fruchtbarkeit · Beobachtung

**Stärken**  Die Fähigkeit, aus allem etwas zu machen.

**Chancen**  Ein neuer Job, ein neues Hobby, tolle Projekte oder eine Schwangerschaft.

**Schwächen**  Aus mangelnder Selbsterkennis nicht verstehen, worin eigene Schwächen liegen.

**Gefahren**  In aller Unschuld anderen oft die Früchte der Arbeit und den Erfolg überlassen.

### Botschaft des Huhns
Schau dich um und beobachte alles
und jeden genau.
Bist du mit deiner Umgebung zufrieden?
Jetzt ist die Zeit, sich zu verändern
und ein neues Kapitel in deinem Leben
aufzuschlagen.
Dies ist eine sehr fruchtbare Phase
und was immer du säst,
wird wachsen.

# HUND
## Treue · Sicherheit · Liebe

**Stärken**  Sicher, loyal, bedingungslose Liebe, kann überaus freundlich sein.

**Chancen**  Momente des Glücks, umgeben von geliebten Menschen – das können Familie, Freunde, Partner und auch andere sein.

**Schwächen**  Zu viel Toleranz anderen gegenüber.

**Gefahren**  Geistige Erschöpfung und geistiger Missbrauch durch andere.

### Botschaft des Hundes
Achte auf die Energien um dich herum und beobachte aufmerksam jede Veränderung; denn jede dieser Veränderungen hat eine Ursache. Bleibe den Werten treu, die Liebe und Sicherheit verbreiten, nur so wirst du dich vollkommen und glücklich fühlen.

# IGEL
## Zyklen · Quelle · Lösung

**Stärken**  Selbstbewusste Selbsterkenntnis und viel Wissen über die Natur.

**Chancen**  Neue Lösungen, auf die du dich mit Gelassenheit und Stärke einlassen kannst.

**Schwächen**  Tiefe innere Ängste.

**Gefahren**  Die Sehnsucht nach Erfahrungen, die du nie machen wirst.

### Botschaft des Igels
Die Zyklen des Mondes und Mutter Natur sind Quellen magischer Energien. Gehe in der Natur spazieren und betrachte den Mond. Lasse deine Sorgen zu Lösungen werden und erhalte dir die Ruhe und Kraft, die du brauchst.

# KÄFER
## Wege · Lektionen · Häufigkeit

**Stärken**  Starke Verbindung zu anderen Dimensionen.

**Chancen**  Entscheidungen, die zu erstaunlichen Ergebnissen führen werden.

**Schwächen**  In unpassenden Situationen die Geduld verlieren, mangelndes Durchhaltevermögen.

**Gefahren**  Nicht selten von anderen unterschätzt werden. Manchmal deinen eigenen Worten keinen Glauben schenken.

### Botschaft des Käfers

Alle Wege führen zur Quelle. Doch die Lektionen des Lebens, des Leidens und des Glücks bestimmen, welchen Weg du wählst. Benutze deine innere Antenne, die auf der gleichen Liebes-Frequenz wie das Universum liegt, und lasse dich von ihr leiten.

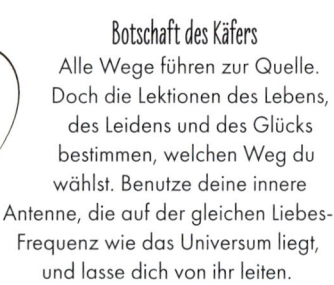

# KÄNGURU
## Liebe · Geborgenheit · Klarheit

**Stärken**  Fokussiert, schnell, stark und sehr beschützend der Familie gegenüber.

**Chancen**  Die Fähigkeit, Alltags-Hindernisse zu überwinden.

**Schwächen**  Schüchtern und überaus nachdenklich.

**Gefahren**  Sich in endlosen Kreisen zu bewegen, die nirgendwo hinführen.

### Botschaft des Kängurus
Es ist wichtig, den Ort zu finden, an dem man sich geliebt und geschützt fühlt. Gib nicht auf, bis du ihn gefunden hast. Verwirkliche das schnell und einfach, denn komplexes Denken kann dazu führen, dass du dich zu lange im Kreis drehst. Vergeude keine Zeit.

# KRABBE
## Erfolg · Teamwork · Wellenlänge

**Stärken**  Friedliches Wesen, echter Familiensinn.

**Chancen**  Erfolg mit Teamwork.

**Schwächen**  Schüchternheit und Neid auf andere.

**Gefahren**  Das Risiko, persönlich und beruflich zu scheitern.

### Botschaft der Krabbe

Akzeptiere den Erfolg anderer, ohne sie zu beneiden. Lasse die Energie des Glücks auf dich wirken. Umgib dich mit positiven Menschen. Wenn du auf der gleichen Wellenlänge wie sie bist, ergeben sich auch für dich große Chancen.

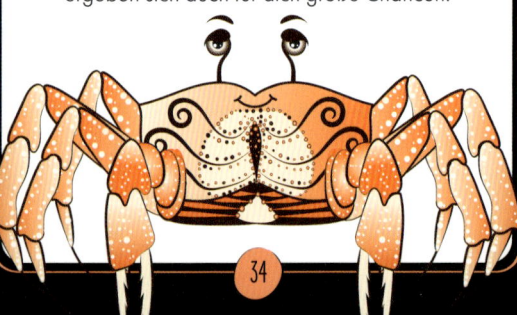

# KROKODIL
## Ideen · Reisen · Produktivität

**Stärken**  Schnelligkeit, Effizienz und hervorragende Sinne.

**Chancen**  Abenteuer, Reisen und gute Ideen, um neue Fähigkeiten zu erwerben.

**Schwächen**  Nicht vertrauenswürdig und macht sich zu viele Sorgen.

**Gefahren**  Niemand, mit dem man seine Erfahrungen und Abenteuer teilen kann.

### Botschaft des Krokodils

Reise in den Untergrund. Keine Angst, du bist sicher. Dort bekommst du die besten Ideen, denn der Boden ist fruchtbar. Halte inne, denke nach und vergewissere dich, dass du produktiv genug bist, um mit deinen Projekten erfolgreich zu sein.

# LAMA
## Verbundenheit · Freundlichkeit · Sorgen

**Stärken**  Ist dankbar und liebevoll zu jedem und in jeder Lebenslage.

**Chancen**  Verspürt ein tiefes Verlangen nach Erfüllung.

**Schwächen**  Fühlt sich verpflichtet, anderen zu helfen.

**Gefahren**  Zu viele Probleme auf einmal zu lösen, kann zu Depressionen führen.

### Botschaft des Lamas

Wenn du dankbar und freundlich bist, wirst du das erreichen, was du möchtest. Mache dir im Moment nicht zu viele Sorgen. Hilf anderen, aber vergiss auch dich selbst nicht, denn du bist nicht dazu verpflichtet, alle Probleme der Menschen um dich herum zu lösen.

# LEOPARD
## Energie • Chakren • Weiblichkeit

**Stärken**  Anpassungsfähigkeit, Beweglichkeit und Offenheit für Mystik.

**Chancen**  Frei fließende Energie, die durch deinen Körper ausgeglichen wird.

**Schwächen**  Mangel an weiblicher Energie.

**Gefahren**  Blockierte Chakren.

### Botschaft des Leoparden

Öffne deine Chakren, damit deine Energie frei fließen und du dein Bewusstsein erweitern kannst. Du bist der Spiegel der Bewegung deiner Energie. Erlaube deiner weiblichen Seite, sie mehr zu betonen, unabhängig davon, welches Geschlecht du hast.

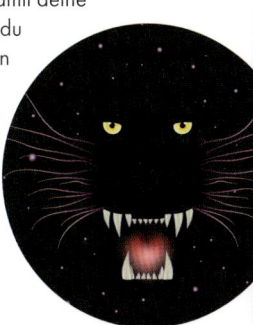

# LERCHE
## Schwingung · Freude · Sorgfalt

**Stärken**  Bote der Freude und des Wohlbefindens, große Motivation und Selbstfürsorge.

**Chancen**  Heilerin, Heiler, ganzheitliche Therapeutin oder Therapeut.

**Schwächen**  Verletzlich und unschuldig, und voller Glauben an andere Menschen.

**Gefahren**  Umgeben von eifersüchtigen Menschen.

### Botschaft der Lerche

Wenn du glücklich bist, sendest du eine Melodie aus, die alle um dich herum zum Mitschwingen bringt. Sei ein Bote der Freude und lasse nicht zu, dass andere diese Energie in dir zerstören. Visualisiere mich und singe mit mir.

# MARIENKÄFER
## Ausgeglichenheit · Glück · Liebe

**Stärken**  Fülle, Selbstliebe, Balance und Erfolg.

**Chancen**  Mit jeder Situation zurechtkommen, auch wenn es unmöglich erscheint.

**Schwächen**  Teilt sehr gerne die gute Energie mit allen anderen.

**Gefahren**  Energieräuber sind wie Schatten, sie rauben alle Kraft.

### Botschaft des Marienkäfers
Nimm dir Zeit, um dein Gleichgewicht wiederherzustellen und das anzunehmen, was das Universum dir bietet. Öffne deinen Geist, um dich selbst oder die anderen zu lieben, und stelle deine Energie mit Gefühlen voller Liebe wieder her, um Fülle und Glück in deinem Leben zu erhalten.

# MAULWURF
## Wahrnehmung · Sinne · Natur

**Stärken**  Das dritte Auge ist geöffnet.

**Chancen**  Kontakte zu göttlichen Energien knüpfen.

**Schwächen**  Nicht wissen, welche Energien böse sind.

**Gefahren**  Sich von Energien leiten zu lassen, die verwirrt und verloren sind oder die mit deinem Leben spielen wollen.

### Botschaft des Maulwurfs
Du befindest dich in einer Phase, in der du deine Sinne und Wahrnehmungen durch einen unsichtbaren und stillen Kontakt mit der Natur erweitern kannst.
Dein Wahrnehmungsfeld wird so gestärkt.
Vertraue diesen göttlichen Kräften, weil sie dich wunderbar unterstützen können.

# MEERSCHWEINCHEN
## Güte · Fürsorge · Vergangenheit

**Stärken**  Umgänglich, liebenswürdig und liebevoll mit sich selbst und anderen.

**Chancen**  Ein glückliches und erfolgreiches Familienleben.

**Schwächen**  Schwierigkeit, sich vor energetischen Angriffen zu schützen.

**Gefahren**  Konflikte von außen, die in das familiäre Umfeld eindringen.

### Botschaft des Meerschweinchens
Du solltest deine Zeit mit herzlichen Menschen verbringen, die dich lieben; denn das Alleinsein tut dir im Moment energetisch nicht gut. Das Gefühl, umsorgt zu werden, wird deine Energie verbessern und kann dich von vergangenen Ereignissen heilen. Sei gut zu dir selbst und zu anderen.

# MURMELTIER
## Träume · Botschaften · Heilung

**Stärken** Die Fähigkeit, göttliche Botschaften zu empfangen.

**Chancen** Von zukünftigen Ereignissen oder Warnungen träumen, die für das tägliche Leben wichtig sind.

**Schwächen** Mangelnde Bereitschaft, sich mehr mit spirituellen Angelegenheiten zu befassen.

**Gefahren** Bestehende Traumata nicht heilen zu können.

### Botschaft des Murmeltieres

Achte auf deine Träume, sie enthalten Botschaften für dich. Mit ihrer Hilfe kannst du aktuelle Traumata oder Ängste heilen, die in anderen Dimensionen verloren sind und nur darauf warten, entdeckt und geheilt zu werden. Schreibe deine Träume auf, wenn du erwachst.

# PANDA
## Frieden · Gleichgewicht · Rückzug

**Stärken**  Streben nach Selbsterkenntnis.

**Chancen**  Allein leben, um an einem persönlichen und spirituellen Rückzugsort das Gleichgewicht zu finden.

**Schwächen**  Nicht in der Lage, die Initiative für das zu ergreifen, was gut ist.

**Gefahren**  Kein Interesse daran oder nicht fähig, ein gesundes soziales Leben zu führen.

### Botschaft des Pandas

Suche dir einen Ort, an dem dein Geist zur Ruhe kommt. Nimm dir Zeit für dich selbst, denn manchmal ist das Alleinsein das beste Heilmittel, das wir haben. Höre nicht auf, freundlich zu anderen zu sein, doch achte auch auf dich selbst, um im Gleichgewicht zu bleiben.

# PELIKAN
## Aufopferung · Dienen · Fürsorge

**Stärken**  Den Menschen um dich herum zur Seite stehen.

**Chancen**  In Harmonie mit Familie und Freunden leben.

**Schwächen**  Sich selbst vergessen, und so anderen dienen.

**Gefahren**  In der ständigen Verpflichtung leben, sich um andere zu kümmern.

### Botschaft des Pelikans

Du brauchst in diesem Moment wahrscheinlich einen Menschen, der dir nahesteht, auch wenn du das nicht spürst. Manchmal müssen wir für diejenigen, die wir lieben, Opfer bringen und es ist richtig, wenn diese Liebe bedingungslos erwidert wird.

# PFAU
## Universum · Wahl · Naturgesetze

**Stärken**  Das Gute in allen Dingen und in allen Menschen sehen.

**Chancen**  Vorbild für andere sein, damit sie zu besseren Menschen werden oder positive Energie erhalten.

**Schwächen**  Mit Arroganz als Vorbild versagen.

**Gefahren**  Negative Energien ernten, und aus dem Takt geraten.

### Botschaft des Pfaus

Auch allein oder in der Dunkelheit spürt das Universum, was wir tun, und alles, was das Universum empfängt, sendet es zurück. Versuche, die Welt um dich herum aus einer positiven Perspektive zu betrachten. Alles, was geschieht, hat einen Grund.

# QUALLE
## Regeneration · Gelassenheit · Gefühle

**Stärken**  Meditation, Selbstfürsorge und energetische Regeneration.

**Chancen**  Negative Gedanken und Gefühle in Liebe und Frieden wandeln.

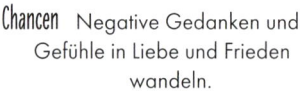

**Schwächen**  Unsicher bei Entscheidungen, wenn die eigenen Gefühle beteiligt sind.

**Gefahren**  Die Unfähigkeit, etwas zu fühlen.

### Botschaft der Qualle

Es ist die ideale Zeit, um dich zu regenerieren, dir Zeit ohne Sorgen und Nachdenken zu gönnen. Versetze dich in einen Zustand der Gelassenheit, in dem nur Gefühle das Recht haben zu fließen. Verwandle Schmerz, Wut und Aggression in Liebe.

# RABE
## Schatten · Erwachen · Übersinnliches

**Stärken**  Das Wissen über die energetische und schützende Welt.

**Chancen**  Der erwachende Pfad voller Weisheit.

**Schwächen**  Schwierigkeiten, deinen eigenen Schatten und die Dunkelheit zu akzeptieren.

**Gefahren**  Eine wichtige Botschaft zu verlieren, aus Angst in oder mit der Dunkelheit zu gehen.

### Botschaft des Raben

Es ist an der Zeit, tiefer in die übersinnliche Welt einzutauchen und deine Schatten zu akzeptieren. Ohne sie wirst du nicht finden, was du suchst. Tritt ins Ungewisse ein, um eine Vision zu erhalten. Nimm dieses Licht, das dir auf deinem Weg des Erwachens helfen wird.

# SCHILDKRÖTE
## Heimat · Körper · Energie

**Stärken**  Eine freie Seele mit starker Verbindung zu Mutter Erde und der Fähigkeit, überall Wurzeln zu schlagen.

**Chancen**  Lebenserfahrungen und Lehren mit anderen zu teilen, und Vorbild für diejenigen sein, die folgen.

**Schwächen**  Denkt, nicht alles zu tun was möglich ist. Sehr anspruchsvoll mit sich selbst.

**Gefahren**  Nicht von allen verstanden zu werden.

### Botschaft der Schildkröte

Du bist dein eigenes Zuhause, dein physischer Körper ist das Gefäß, in dem deine Energie wohnt und in dem deine gesamte Lebensweisheit gespeichert ist.
Wo immer du bist und wo immer du sein wirst, du selbst wirst immer dein wundervolles Zuhause sein.

# SCHMETTERLING
## Wandlung · Bewusstsein · Lebensphasen

**Stärken**  Die Kraft zur Selbsttransformation.

**Chancen**  Eine schwierige Situation in eine einfache Lage umzuwandeln oder etwas Hässliches in etwas Schönes.

**Schwächen**  Ein Selbstakzeptanz-Problem, bestimmte Phasen im Leben zu akzeptieren.

**Gefahren**  Unerwünschte Veränderungen.

### Botschaft des Schmetterlings

Akzeptiere dieses Leben als Teil deiner persönlichen Transformation, in der du verschiedene Phasen durchläufst, die manchmal gut und manchmal schlecht sind. Sie sind Teil eines Plans, der dir helfen wird, einen höheren Bewusstheitszustand zu erreichen.

# SCHWALBE
Fragen · Neuanfang · Gefühle

**Stärken** Selbstbeherrscht, motiviert, frei und achtsam.

**Chancen** Eine Reise zum Neuanfang.

**Schwächen** Fehlende Wurzeln, Mangel an Weisheit.

**Gefahren** Leben in unbekanntem Umfeld, in dem kommende Gefahren und Risiken nicht erkannt werden.

### Botschaft der Schwalbe
Unternimm eine kosmische Reise.
Beobachte dich selbst in deinem Alltag.
Was stimmt nicht mit dir?
Wie beschreibst du deine konkrete Situation?
Befreie dich von den Emotionen und Gedanken,
die deinen persönlichen Fortschritt blockieren.

# SCHWAN
## Liebe · Schönheit · Intensität

**Stärken**  Charme mit glamouröser Präsenz und einem schönen Augenaufschlag.

**Chancen**  Innere und äußere Liebe zu sich selbst und zu jemandem, der einen intensiv liebt.

**Schwächen**  Starke Persönlichkeit, die zu sehr in die Defensive geht.

**Gefahren**  Der Verlust der Selbstliebe führt zur mangelnden Fähigkeit, zu verzeihen und wieder zu lieben.

### Botschaft des Schwans
Die Macht der Liebe überwindet jede Angst und jeden Schmerz. Gib die Liebe niemals wieder auf und liebe in Zukunft noch intensiver.
Empfange die göttliche Energie der Sonne, die dir neue Kraft gibt und dein Herz stärkt.
Liebe verleiht dem Leben Schönheit und Licht.

# SCHWEIN
## Sensibilität · Fürsorge · Pflege

**Stärken**  Sensibel und freundlich zu anderen, mütterliche Gefühle.

**Chancen**  Mutter zu sein oder denjenigen mütterliche Liebe geben, denen es an mütterlicher Fürsorge und Liebe mangelt.

**Schwächen**  Nicht zu wissen, wie man nein sagt, mangelnde Durchsetzungskraft.

**Gefahren**  Sich von anderen vereinnahmen zu lassen, ohne genug Zeit für sich selbst zu haben.

### Botschaft des Schweins
Du bist ein Wesen des Lichts, das sensibel, liebevoll und intelligent ist. Umgib dich mit Kindern, unabhängig davon, ob es deine eigenen oder die anderer Menschen sind. Deine Fähigkeit zu geben und zu umsorgen ist sehr ausgeprägt, nutze diese Eigenschaft für die kleinen Wesen in Not.

# SEEPFERDCHEN
## Freude · Kraft · Selbstliebe

**Stärken**  Die Fähigkeit zu tiefer und hingebungsvoller Liebe.

**Chancen**  Lange Beziehungen, einzigartig in jeder Art von Liebe.

**Schwächen**  Dem anderen mehr zu geben, als sich selbst.

**Gefahren**  Mangel an Liebe und Zuneigung von anderen.

### Botschaft des Seepferdchens

Um eine liebevolle Beziehung zu führen, musst du dich selbst so lieben, wie du von anderen geliebt werden willst. Alles, was stark gehalten werden muss, gehört nicht zu deinem Leben. Ein glückliches Paar kennt die Bedeutung des Satzes: Wir sind eins.

# SEESTERN
## Fantasie · Ritual · Reinigung

**Stärken**  Ein natürlicher energetischer Reiniger.

**Chancen**  Die nötige Energie aus der Umgebung gewinnen, um sich zufrieden und glücklich zu fühlen.

**Schwächen**  Das emotionale Gleichgewicht an anderer Stelle zu suchen.

**Gefahren**  Depressionen, die krank machen können.

### Botschaft des Seesterns

Nutze deine Vorstellungskraft, um alles aus deinem Leben zu entfernen, was du nicht brauchst. Nimm dir eine Auszeit nur für dich und kümmere dich in dieser Zeit mit all der Liebe, die du verdienst, um dich selbst. Führe ein Ritual mit Wasser durch, um deine Energie zu erneuern und wieder ins Gleichgewicht zu bringen.

# SPECHT
## Pläne · Ziele · Konzentration

**Stärken**  Entschlossenheit, eigene Ziele zu erreichen.

**Chancen**  Wünsche oder Projekte werden erfolgreich realisiert.

**Schwächen**  Ablenkbar durch kleine Details.

**Gefahren**  Neue Projekte beginnen, ohne die vorherigen zu beenden.

### Botschaft des Spechts

Um zu erreichen, was du willst, brauchst du viel Entschlossenheit und ein hohes Maß an Konzentration. Jede kleine Ablenkung schadet dabei. Du solltest tief in deine Substanz und Seele eindringen, doch vergiss nie, dich auf deine Konzentration zu besinnen.

# SPINNE
### Einfluss · Entwicklung · Kreativität

**Stärken**  Kreativer Geist mit erstaunlichen Fähigkeiten.

**Chancen**  Energetische und persönliche Entwicklung.

**Schwächen**  Etwas im Leben zu akzeptieren, das du nicht wirklich haben wolltest.

**Gefahren**  Falsche Einflussgeber in deinem Leben.

### Botschaft der Spinne

Was deins ist, kommt zu dir. Vertraue auf das Netz des Lebens, denn es wird entsprechend deiner persönlichen und energetischen Entwicklung für dich geschaffen. Nutze deine Kreativität und dein Durchsetzungsvermögen, um dieses Ziel zu erreichen, denn nur du kannst den Weg zu deinem Ziel beschreiten.

# STACHELSCHWEIN
## Glaube · Schutz · Lösung

**Stärken**  Der Glaube an sich selbst und die Macht zu erkennen, die dir gegeben sind.

**Chancen**  Hier und jetzt Lösungen für jedes Problem deines Lebens zu finden.

**Schwächen**  Nicht zu erkennen, woher deine Probleme kommen oder wer sie verursacht.

**Gefahren**  Könnte von jemandem, der sich in der gleichen Situation befindet, verraten werden.

### Botschaft des Stachelschweins

Wenn du daran glaubst, dass du beschützt wirst und dir bewusst machst, wie mächtig du bist, werden alle deine Feinde verschwinden. Sie geben auf, dich zu verletzen, da sie nicht riskieren wollen, sich selbst zu verletzen. Glaube an dich selbst, und du wirst Frieden haben.

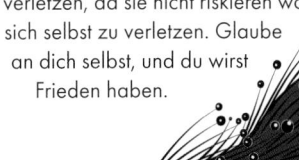

# TIGER
## Gefühl • Energie • Erhabenheit

**Stärken**  Große körperliche Stärke und ohne Ängste und Unsicherheiten.

**Chancen**  Eine begehrenswerte Person mit Selbstkontrolle zu sein und ein aufregendes Leben zu führen.

**Schwächen**  Arroganz und leichte Reizbarkeit.

**Gefahren**  Beziehungen, die nicht von Dauer sind.

### Botschaft des Tigers

Du hast eine unerschütterliche Stärke in dir. Wenn du sie für das Gute einsetzt, wirst du ihre magische und majestätische Wirkung spüren. Achte darauf, Emotionen unter Kontrolle zu behalten, die Arroganz, Reizbarkeit und Traurigkeit erzeugen, damit die Energie dieser Gefühle nicht zu dir zurückkehrt.

# ZEBRA
## Perspektive · Vorurteile · Erfahrung

**Stärken**  Eine Situation aus verschiedenen Blickwinkeln betrachten zu können.

**Chancen**  Erfahrungen, die alte Vorurteile und Mythen aufbrechen.

**Schwächen**  Widerstand gegen kritische Ideen von anderen.

**Gefahren**  Eine einmalige Lebenschance zu verpassen.

### Botschaft des Zebras

Bist du sicher, dass du weißt, was vor sich geht? Oder gibt es vielleicht auch noch eine andere Perspektive? Was für dich schlecht ist, kann für andere gut sein. Befreie dich von Vorurteilen. Denke immer daran, dass jedes Wesen einzigartig ist und seine eigenen Erfahrungen macht.

# DANK

Ich bin dem göttlichen Universum dankbar, meinen energetischen Führern, die während dieser neuen Schöpfung immer in Stille bei mir waren, Botschaften sendeten und halfen, diese Tiere für dieses Orakel voller magischer Botschaften auszuwählen.

Ich möchte auch dem gesamten Team des Königsfurt-Urania Verlags danken, die ganz besondere Menschen sind, ohne die dieses Orakel nicht dasselbe wäre.

Und mein letzter herzlicher Dank gilt meinem Mann Bernd Grimm, der diesen wunderbaren Weg an meiner Seite mit mir geht.

*Helena Isabel Isidro de Almeida*

# DIE AUTORIN UND KÜNSTLERIN

Helena Isabel Isidro de Almeida wurde in Portugal geboren und lebt in Deutschland. Sie ist eine internationale Künstlerin, die spirituelle Kunst mit einem Hauch von Realität verknüpft. Als Autodidaktin hatte sie schon in jungen Jahren das Bedürfnis, ihre Gefühle durch Bilder auszudrücken, die vom Universum und der Natur inspiriert sind. Nach einer Karriere im Qualitätsmanagement entschied sie sich vor ein paar Jahren, diese Leidenschaft beruflich auszuleben.
@helenadealmeida.art
https://de-almeida.art

Ebenfalls bei Königsfurt-Urania erschienen:

# Golden Black Cat Tarot

- 🐾 Die entzückenden Katzen schleichen sich sofort ins Herz
- 🐾 Schachtel mit Goldfolie
- 🐾 Karten mit Goldfolie und Goldschnitt

Helena de Almeida
**GOLDEN BLACK CAT TAROT**
78 Karten mit 96-seitigem Booklet
ISBN 978-3-86826-567-5

KÖNIGSFURT
URANIA
www.koenigsfurt-urania.com